Y

[illegible]

LA MORT DE LOUIS XVI,

TRAGÉDIE

EN TROIS ACTES.

Dans les fers, sur le trône, à l'aspect de la mort
Leur fermeté ne s'est point démentie,
En tout tems au dessus du sort,
La palme du martyre a couronné leur vie.

LA MORT DE LOUIS XVI,

TRAGÉDIE;

SUIVIE

DE SON TESTAMENT,

ET D'UNE LETTRE

A SON CONFESSEUR.

J'ai trouvé quelques ames sensibles et compatissantes. Que ceux-là jouissent dans leurs cœurs de la tranquillité que doit leur donner leur façon de penser.

Testament de Louis XVI.

A PARIS.

Chez Éliot, imprimeur, rue Perdue, n°. 215.

1797.

PERSONNAGES.

LOUIS XVI, Roi de France.
MARIE-ANTOINETTE, Reine.
ELISABETH, sœur du roi.
MADAME ROYALE, âgée de 13 ans.

LAMOIGNON DE MALESHERBES, DESEZE, TRONCHET, défenseurs officieux du roi.

PHILIPPE D'ORLÉANS, GARRAN DE COULON, KERSAINT, MANUEL, CHARLES VILLETTE, BARRERE, ROBESPIERRE, MARAT, LEQUINIO, THURIOT, DANTON et plusieurs autres. Députés de la Convention nationale.

LE MINISTRE de la Justice.
SANTERRE, commandant de la Garde nationale.
Le Confesseur du Roi.
Commissaires du conseil de la Commune.

La scène est à Paris.

LA MORT

DE LOUIS XVI,

TRAGÉDIE.

ACTE PREMIER.

Le Théâtre représente une salle d'un des comités de la Convention nationale.

SCÈNE PREMIÈRE.

LAMOIGNON, DESÈZE, TRONCHET.

TRONCHET.

LE voici, Lamoignon, ce jour si redoutable,
Où du Sénat français l'arrêt irrévocable,
Peut-être de Louis, en prononçant la mort,

Va consterner l'Europe et décider son sort !
Déjà chez d'Orléans une loi préparée,
A du peuple écarté la sanction sacrée.
Je crains que, sous son nom, dans ce jour usurpé,
Par quelques scélérats, son vœu ne soit trompé.

LAMOIGNON.

Je le crains comme vous ; et ce Sénat perfide,
S'il ne méditoit pas un affreux régicide,
(Quand à ce jugement tout le peuple est lié),
A sa décision l'auroit associé.

DESÈZE.

Moi, j'ose espérer mieux ; non, je ne saurois croire
Que d'un tel attentat on souille notre histoire.
Les écarts monstrueux de quelques orateurs,
N'en imposeront pas à nos législateurs ;
Il en est dont les cœurs à la vertu fidèles,
Déjoueront des Marat les trames criminelles.
Tout sentiment d'honneur n'est pas encore éteint ;
Et pour un Thuriot, nous avons dix Kersaint.

LAMOIGNON.

Puissé-je me ttomper ! Ah ! s'il faut qu'il périsse,

Ciel, détourne sur moi l'horreur de son supplice!
Trop heureux d'épargner, par mes obscurs malheurs,
A la France un grand crime, au monde entier des pleurs.
Louis n'enfanta point, par de folles dépenses,
Le ver qui dévora le suc de nos finances.
Ce prince infortuné, bien loin d'être pervers,
A sa seule foiblesse a dû tous ses revers.
D'un Roi foible, grand Dieu, que le peuple est à plaindre!
Le plus cruel tyran fut cent fois moins à craindre:
Tels que soient ses excès, ou que soit sa fureur,
Ils doivent s'arrêter aux bornes de son cœur.
Mais un Roi bienfaisant, qui, de crime incapable,
Est des crimes d'autrui le jouet déplorable,
Dans un abîme affreux de maux et de forfaits,
Lorsqu'il va s'engloutir, engloutit ses sujets;
Louis en offre, hélas! un trop funeste exemple.

DESÈZE.

Vous avez vu la Cour, je n'ai vu que le Temple.
Pour le bras de Louis, ferme au sein des dangers,

Le sceptre fut pesant... et les fers sont légers ;
Son cœur inaccessible aux remords, à la crainte,
Du calme sur son front a réfléchi l'empreinte ;
Du diadême enfin jamais la majesté
N'égala de ce front la noble nudité.
Tel je l'ai vu, du moins, dans ce jour memorable,
Où de son défenseur j'eus le titre honorable ;
Quand Target lâchement eut récusé le choix
Et du plus malheureux et du meilleur des rois ;
Sa constance un instant ne s'est pas démentie.
Marqués par des grands traits, tous les jours de sa vie
Nous montrent le héros placé sur ces hauteurs
D'où l'on peut du vulgaire affronter les fureurs.
A s'élancer vers Dieu son ame toujours prête ;
Au glaive, sans pâlir, il offriroit sa tête...

TRONCHET.

Il l'offrira.

DESEZE.

Non, non, et le Sénat français,
S'il ne croit pas au ciel, croit à ses intérêts.

LAMOIGNON.

On vient : c'est d'Orléans. L'aspect de cet infâme

D'un sentiment d'horreur a pénétré mon ame.
J'apperçois avec lui Robespierre et Marat.
Chers collègues, fuyons ce groupe scélérat.
Que ferions-nous ici ?

DESÈZE.

Restons : Kersaint s'avance.
Je vois Garran, Villette, amis de l'innocence,
Contre les factieux ils seront son support.

SCÈNE II.

LES PRÉCÉDENS, PHILIPPE D'ORLÉANS, BARRÈRE, GARRAN DE COULON, KERSAINT, CHARLES VILLETTE, ROBESPIERRE, MARAT, LÉQUINIO, THURIOT, DANTON, et plusieurs autres députés.

DESÈZE.

Louis, jugé coupable, attend de vous son sort ;
Je me tais : du Sénat nous respectons l'ouvrage;
On ne nous verra point, apôtres du carnage,

Vers la sédition dirigeant les esprits,
Pour sauver Louis seize, ensanglanter Paris.
L'équité, la vertu, voilà nos seules armes.
Souffrez qu'en votre sein déposant ses allarmes
Sur ce procès sacré, pour la dernière fois,
L'austère vérité vous parle par ma voix.
Louis est renversé : tu peux, Sénat auguste,
Te montrer généreux...ne te montre que juste.
Pour le mieux condamner, qu'as-tu fait?... une loi,
Par laquelle il n'est plus ni citoyen, ni roi.
Roi! malgré tout sophisme et tout détour coupable,
Louis, vous le savez, seroit inviolable;
Citoyen! il pourroit réclamer le soutien
Que votre code assure à chaque citoyen.
Il vous diroit, sans doute : Où sont ces loix tutrices
Qui couvrent l'accusé de leurs formes propices?
D'actes et de pouvoirs, cette distinction,
Sans laquelle il n'est point de constitution?
Ces jurés que des loix équitables et sages
A la foible innocence ont donné pour ôtages?
Ces suffrages reduits, ces récusations,
Qu'on oppose à la haîne ou bien aux passions?
Ce scrutin précieux, qui fait, par son silence,
A la seule justice incliner la balance?

En un mot cet appui qu'un citoyen jamais
N'a, fût-il criminel, invoqué sans succès?
Vous voulez me juger; peut-il encor vous dire;
Et vos opinions ont parcouru l'empire!
Vous voulez me juger, vous mes accusateurs!
Vous qui d'assassinats accueillez les auteurs,
Et chez qui, pour me perdre, une loi provoquée
N'existoit pas encore... et m'étoit appliquée!
Louis vous a parlé; nous laissons à vos cœurs
Le soin de travailler avec ses défenseurs.

(*Les conseils de Louis se retirent.*)

SCÈNE III.

LES PRÉCÉDENS, *exceptés* LAMOIGNON, DESÈZE, TRONCHET.

GARRAN DE GOULON.

Que de la vérité l'éloquence est touchante?
Pour le crime ou l'erreur sa voix est foudroyante.

Ce conflit de pouvoir a droit de m'effrayer.
La liberté le veut, je dois m'en dépouiller
Quand le voile est tombé, l'erreur est sans réfuge.
Je ne puis être ici législateur et juge ;
Je suis législtateur, et politiquement,
Je promets de voter pour le bannissement.

BARRERE.

Je voue à tout despote une guerre éternelle ;
Cette guerre est à mort : elle doit être telle ;
Et de la liberté l'arbre majestueux,
Ne croîtra qu'arrosé de leur sang odieux.

ROBESPIERRE.

Puissent, puissent ces rois qui viendront nous combattre,
N'avoir tous qu'une tête, et moi, d'un coup l'abatre !
Prométhée, en mes mains remets le feu sacré,
Et de tous les tyrans le globe est délivré.
Damien, ton noble sang bouillonne dans mes veines.....

D'ORLÉANS.

Le plus pur sang du peuple a pénétré les miennes.
Et j'en ai pour garant le vertueux transport
Qui du traître Capet me fait voter la mort.

LÉQUINIO.

La mort.... Non, non, pour moi, c'est trop peu que sa vie,
Ma vengaance à ce prix seroit mal assouvie.
Qu'il vive pour l'opprobre; et contemplant son bras
Enchaîné pour jamais aux travaux des forçats.

KERSAINT, *avec la plus vive indignation.*

Ciel! que viens-je d'entendre? est-ce un monstre farouche?
C'est un juge: et l'écume est encor sur sa bouche.
Je reste pour Louis: mais, libre de son vœu,
Kersaint ne siége plus avec un tigre... Adieu.

(Il sort.)

SCÈNE IV.

LES PRÉCÉDENS, *excepté* KERSAINT.

CHARLES VILLETTE.

JE vois, législateurs, et non sans amertume,
Que la guerre civile en votre sein s'allume.
Il semble qu'un génie atroce, malfaisant,
Sur le Sénat français plane dans ce moment.
J'ai long-tems hésité, je tremble de le dire.
Mais il est parmi nous un parti qui conspire,
Un parti furieux, désorganisateur,
Qui d'un vaste complot cache la profondeur.
Dirai-je à quels excès, lâchement téméraires,
Vient de s'abandonner un de ses émissaires ?
Plein de vastes objets qu'embrassoit mon esprit,
J'entrois ici rêveur... Arrête, m'a-t-il dit;
Condamne le despote; et pour qu'il t'en souvienne,
Choisis de prononcer ou sa mort.... ou la tienne.
Il m'échappe à ces mots. Je ne puis le celer:
On eût vu dans mes yeux la rage étinceller...

Je ne crains pas la mort... Que dis-je ! Ah ! oui, j'envie
Le destin du héros qui meurt pour sa patrie !
Je saurai, citoyens, le prouver aujourd'hui.
Louis aura dans moi son plus solide appui ;
Mais qu'on ose insulter jusqu'en ce sanctuaire
Dans son représentant la république entière ;
Qu'on joigne la menace à ce délit affreux,
J'en ai dû ressentir un courroux vertueux.
Avant qu'un grand arrêt fixe nos destinées,
Poursuivez les auteurs des sanglantes journées,
Que la postérité, sur les fastes français,
D'un cachet infâmant doit marquer à jamais.
Craignez de nous plonger dans un nouvel abîme.
De son impunité faites sortir le crime.

(*En fixant Philippe d'Orléans.*)

Un masque affreux le couvre.... Osez donc l'arracher.

(*En regardant Marat.*)

Qu'il n'ait plus de caveau qui puisse le cacher.

BARRERE.

Non, point d'ajournement ; que le tyran périsse,

Que demain le soleil éclaire son supplice.

(Il sort ; Léquinio , Thuriot , Danton , et plusieurs autres le suivent).

GARRAN DE COULON , *à d'Orléans.*

Philippe , ton parti n'a pas encor vaincu ;
J'en sais ici plus d'un qui croit à la vertu ,
Veut le bien... le fera...

(Il sort suivi de Charles Villette , et de plusieurs autres députés.)

SCÈNE V.

PHILIPPE D'ORLÉANS , ROBESPIERRE , MARAT.

PHILIPPE.

De cet homme intraitable,
Toujours l'austerité m'a semblé redoutable ;
De mes complots le voile est trop tôt déchiré ;
J'en crains pour leur succès l'éclat prématuré.
Le Sénat , déployant un ferme caractère ,
Portera-t-il le coup qui m'est plus nécessaire ?

ROBESPIERRE.

Prince, il le portera. Que lui coûte un forfait ?
L'or dans son sein versé, produira son effet.
Mais je veux que perfide, ou trop pusillanime,
Il ose à d'Orléans arracher sa victime :
Ceux qui des assassins aidoient les attentats,
Pour un meurtre de plus pourront prêter leurs
bras.

PHILIPPE.

Je tremble, et du roi le supplice s'apprête,
Que le peuple aux bourreaux ne dérobe sa tête:

ROBESPIERRE.

Le peuple.... Ah! le Français vous est bien
peu connu!
Léger, foible, indolent, aisément prévenu,
On lui montre, il croit voir un tyran sangui-
naire
Dans un roi, dont le crime est d'être débon-
naire ;
Et s'il plaint de Louis les terribles malheurs,
Un jour fera couler et séchera ses pleurs.
D'un si foible intérêt nous n'avons rien à
craindre.

MARAT.

Et puis à l'inertie on saura le contraindre,

Commune, force armée, ils nous sont tous vendus.
Nos braves fédérés, en armes répandus,
Escorteront demain le monarque au supplice ;
Nul ne pourra sortir, qu'il ne soit leur complice.
Par Santerre, en un mot, l'échafaud préparé.
Promet à nos desseins un succès assuré.

PHILIPPE.

J'en accepte l'augure, et mon cœur s'abandonne
A l'espoir qu'en ce jour votre amitié lui donne.
Sur sa reconnoissance, ah ! vous pouvez compter ;
Oui, dès que sur le trône on m'aura vu monter,
Philippe vous appelle ; et sur la France entière
Régneront avec lui Marat et Robespierre.
De Louis que la chûte affermisse nos pas ;
Sachons la prévenir en ne l'imitant pas.
As-tu, peuple imbécille, un seul instant pu croire
Qu'à ton égalité je bornerois ma gloire !
Et que pour affermir ta frêle liberté,
Puissance, éclat, grandeur, Philippe eût tout quitté.
Tu me connoîtras mieux : le français versatile
Veut d'un sceptre d'airain subir le joug utile.

Il faut ou qu'il reçoive ou qu'il donne des fers.
Il en recevra donc ! O Louis, tes revers
M'apprendront à porter ce pesant diadême,
Dont le poids fut trop lourd à ta foiblesse extrême.
Quand Philippe t'immole, accuse tes vertus,
Si j'eusse été Louis, il n'existeroit plus.
Mais Manuel s'approche.... Et quoi ! de son visage,
L'éclat est obscurci par un sombre nuage.
Que vient-il m'annoncer ?...

SCÈNE VI.

LES PRÉCÉDENS, MANUEL.

(*Manuel entre d'un air rêveur. En voyant Philippe qui s'approche de lui, il se retire.*)

PHILIPPE.

ME trompai-je ? il nous fuit ! ...

MANUEL.

Je suis...

PHILIPPE.

Quoi ?

MANUEL.

Le remord qui par-tout me poursuit
Depuis que des grandeurs la soif insatiable,
M'a fait de vos desseins le complice coupable.
Pour moi plus de repos ; l'enfer est dans mon sein.
Oui, contre un Dieu vengeur je veux lutter en vain ;
D'une horde barbare et par nous soudoyée,
Il peint les attentats à mon ame effrayée.
Philippe, je les vois, tes farouches soldats,
Semant par-tout le meurtre et les assassinats.
Les prisons de Paris regorgeoient de victimes,
Dont les opinions avoient fait tous les crimes.
Que vois-je, infortunés, vos cachots sont ouverts ?
Quoi ! vous baisez la main qui vient briser vos fers !
Ah ! plutôt... Mais déja le tribunal inique
A prononcé contre eux son arrêt tyrannique.
Les bourreaux sont tous prêts, et cet arrêt fatal
D'un horrible carnage est l'infâme signal.
De morts et de mourants des montagnes pressées,

De têtes en tous lieux les piques hérissées,
Les cris, le désespoir, et l'horreur et l'effroi :
Ce spectacle terrible est toujours devant moi.
Cette nuit occupé du procès mémorable,
Qui doit se décider dans ce jour redoutable,
Aux plus graves pensées je livrois mon esprit.
De mes sens, malgré moi, le sommeil se saisit.
De Lamballe, à mes yeux que glace l'épouvante,
L'ombre dans ce moment tout-à-coup se présente,
Non telle qu'on l'a vue en ces jours enchanteurs,
Où l'éclat, la beauté, le luxe et les grandeurs
Remplissoient tous les vœux de son ame enivrée,
Mais l'œil cave et glacé, pâle, défigurée,
Des cheveux hérissés, disputant aux bourreaux
De son corps mutilé les livides lambeaux,
Dégoûtante, en un mot, de sang et de carnage,
Je reculais. -- Arrête, admire ton ouvrage,
Me dit-elle; oui, c'est toi dont les cruels desseins,
M'ont livrée innocente au fer des assassins...
Je t'avois pardonné ; mais ta fureur impie
De ton roi dans ce jour ose attaquer la vie !
Consommes ton forfait; je ne puis l'empêcher
Crois au moins qu'à tes pas je saurai m'attacher.

Constante dans l'excès de ma rage ennemie,
Je serai ton bourreau, je serai ta furie :
Sur ta tête en tous lieux, et dans tous les instans,
Mon bras, du désespoir secouera les serpens.
Je m'éveille à ces mots : mon ame épouvantée,
Sur ces tableaux cruels est sans cesse arrêtée,
Je ne puis, je l'avoue, en écarter l'horreur.

PHILIPPE.

Repoussez loin de vous une indigne terreur ;
Soyez homme, et chassez jusqu'aux moindres vestiges,
De ces fantômes vains, de ces foibles prestiges.

(*A Marat, à Robespierre, à Manuel.*)

L'heure au Sénat m'appelle : allons, et suivez-nous.
Les tems sont arrivés, frappons les derniers coups ;
Puis délivré d'un roi qui nous portoit ombrage,
Sans crainte et sans remords consommons notre ouvrage.

MANUEL.

Un dessein différent me fait suivre nos pas ;

Si je puis le sauver, il ne perira pas.
Philippe, je renonce aux grandeurs, aux richesses.
Qu'offroient à mes desirs tes infâmes promesses.
Je ne suis vertueux, ni coupable à demi :
Dès ce jour, vois dans moi ton mortel ennemi.

PHILIPPE.

Nous saurons réprimer l'excès de ton audace.
Crains les proscriptions.

MANUEL.

Je brave ta menace.
Puissai-je à ma patrie, en montrant tes complots,
Epargner un grand crime, épargner de grands maux,
Sauver la république après l'avoir trahie,
Périr... et que ma mort fasse oublier ma vie.

(Il sort.)

PHILIPPE, *à Robespierre et à Marat.*

C'en est fait, Robespierre ; et Philippe est perdu.

ROBESPIERRE.

Ne vous souvient-il plus que tout nous est vendu ?

(*Ils sortent.*)

FIN DU PREMIER ACTE.

ACTE.

ACTE SECOND.

Le théâtre représente une des salles de l'appartement du roi dans la tour du temple. On voit d'un côté, la porte d'un cabinet ; sur le devant de la scène sont des fauteuils, et une table sur laquelle est un globe.

SCÈNE PREMIERE.

DEUX COMMISSAIRES DU CONSEIL DE LA COMMUNE.

PREMIER COMMISSAIRE.

TANDIS que de sa vie au sénat on dispose,
Que fait, dans sa prison, le despote ?

DEUXIÈME COMMISSAIRE.

Il repose.
Il repose ; et constant dans sa tranquillité,
Son œil fixe la mort avec sérénité...
Cependant l'Assemblée a, presque toute entière,
Emis déja son vœu sur cette grande affaire ;
Et des opinions le partage étonnant,
Laisse encore le doute errer en cet instant.
Je crains que le Sénat, soit foiblesse ou prudence,
De cet impur fléau n'ose purger la France.
Peut-être, du trépas le despote sauvé,
Est, à nous asservir de nouveau réservé.
Oh ! d'un cœur vraiment libre affreuse incertitude !

PREMIER COMMISSAIRE.

Je l'entends ; le voici.

SCÈNE II.

Les précédens, LOUIS XVI, LE DAUPHIN, deux autres Commissaires sortant du cabinet.

(Ces deux derniers Commissaires confèrent un instant à part avec les autres. Ils se retirent ; et ceux qui restent, se tiennent à l'écart.)

LOUIS, *à son fils.*

Reprenons notre étude.

(Ils s'assayent : Louis prend le globe dans sa main.)

Nous avons vu la France où régnèrent longtems
Les Bourbons, le bonheur, les arts et les talens :
Où sous l'abri sacré d'un gouvernement juste,
De la religion, croissoit le cèdre auguste,

Qui, sur ce sol heureux qu'ombrageoient ses
rameaux,
Versoit du firmament la rosée à grands flots;
Où le citoyen sage, à ses devoirs fidèle,
Toujours de la bonté fut l'aimable modèle,
Et trouvant dans les loix un support assuré,
Acquittoit en échange un impôt modéré.
Les tems sont bien changés : la licence ef-
frénée
A souillé cette terre autrefois fortunée;
Et frappant d'un poignard les ministres des
cieux,
L'absurde impiété lève un front scandaleux,
La liberté qu'elle offre est la mère du crime :
Tout Français doit en être ou complice ou
victime.
Aimer son Roi, son Dieu, dans ces lieux
pleins d'horreur,
C'est vouloir du martyre obtenir les honneurs.
Mon fils, si du Très-Haut la justice éternelle
A régner sur ces lieux quelque jour vous ap-
pelle,
Si, pour exécuter son immuable loi,
Dieu vous condamne, hélas! au malheur d'être
Roi,
Que jamais l'éclat faux d'une trompeuse gloire
Ne puisse de votre ame écarter sa mémoire;
Et dans tous vos projets invoquez son secours;

Mais de notre leçon ne troublons plus le cours.
Parcourons l'Angleterre.

LE DAUPHIN.

Eh quoi! cette contrée,
Qui porta sur son Roi sa main dénaturée?
O ciel! ses habitans sont donc bien forcenés?

LOUIS.

Ils le furent, mon fils.

LE DAUPHIN.

Ah! cher papa, daignez
De ce grand attentat me retracer l'histoire.
Je frémis d'y penser...

LOUIS, *à part.*

Ah! Dieu! s'il pouvoit croire...

(Il remet le globe sur la table).

(Haut).

Ecoutez-la, mon fils; que cet événement
Reste dans votre cœur gravé profondément.
Charles premier régnoit: une révolte impie
Tente de renverser l'antique monarchie;

Un Parlement rebelle, et bravant toute loi,
Sans pudeur à sa barre ose appeler son roi :
On lui présente, au nom du sénat régicide,
De crimes simulés une liste perfide.
Charles, quoiqu'indigné de cette trahison,
Affoibli par l'horreur d'une longue prison,
A la grandeur du roi joint le sang-froid du sage,
Et de ses assassins sait confondre la rage.
Mais du malheureux prince ils ont juré la mort.
Quatre seigneurs en vain, d'un généreux accord,
Au péril de leur vie, embrassent sa défense,
Leur vertu fut, hélas ! leur seule récompense.
L'arrêt est prononcé ; le héros, sans pâlir,
En apprend la nouvelle, et s'apprête à mourir.

(*Avec attendrissement.*)

Un enfant... de ton âge, est dans son sort funeste,
Le seul soulagement, le seul bien qui lui reste

(*Louis prend son fils sur ses genoux, et l'embrasse plusieurs fois.*)

L'illustre condamné sur ses genoux le prend,
Le couvre de baiser, et dit à cet enfant :

« Demain pour les Anglais c'est un grand jour de fète,
» O mon fils, de ton père ils vont trancher la tête...
» Sois plus heureux que moi ». Tu pleures, mon cher fils !

LE DAUPHIN.

Il me sembloit, papa, voir Charles dans Louis.
Si j'étois cet enfant, ô ciel !

LOUIS, *vivement ému.*

Que veux-tu dire ?

(*A part*).

Il est trop vrai, peut-être, et c'est Dieu qui l'inspire.

(*Haut.*)

Ne m'interrompez plus, je reprends mon récit.
Le jour fatal arrive : à l'échafaut conduit,
Charles veut à son peuple en vain se faire entendre,
Lui dire un triste adieu, d'une voix douce et tendre ;
Par ses vils assassins ses accens sont couverts.

Il meurt ; des cris joyeux s'élancent dans les airs,
Le bourreau prend sa tête, et d'un bras parricide,
Il l'élève en criant : *c'est celle d'un perfide.*
Ainsi périt un Roi digne d'un meilleur sort.
Cromwel, qui l'immola, vengea bientôt sa mort.
Sous le voile trompeur du républicanisme,
Cet hypocrite adroit parvint au despotisme :
Et tremblant, invisible au fond de son palais,
Sut d'un sceptre de fer écraser les Anglais.
Il jouit de son crime et de sa perfidie ;
Et dans son lit, paisible, il termina sa vie.

LE DAUPHIN.

Un pareil attentat demeurer impuni !
Juste ciel, ton tonnerre étoit donc amorti !

LOUIS.

Des pleurs de la vertu, des triomphes du vice,
N'accusons pas, mon fils, la céleste justice.
Elle éprouve les bons au milieu des fléaux;
Elle donne aux méchans leurs remords pour bourreaux.
Voyez ici Cromwel entouré de furies,
De ses crimes affreux enfantemens impies,

Ne pouvant à son Dieu montrer que ses forfaits ;
Sans amis (les méchans n'en connurent jamais) ;
Voyant des assassins dans toutes ses victimes,
Exaler dans la rage et son ame et ses crimes.
Et là, Charles premier, dont l'œil doux et serein,
Fixe de son trépas l'appareil inhumain ;
Qui, fort du calme heureux que l'innocence donne,
Aime encor ses bourreaux, les plaint et leur pardonne.
Que préféreriez-vous, mon cher fils, dites-moi,
Ou le lit de Cromwel, ou l'échafaud du Roi ?

LE DAUPHIN, *vivement.*

Ah ! papa, l'échafaud : la mort n'a rien d'horrible,
La mort du criminel est la seule terrible.

LOUIS, *transporté de joie.*

Embrasse-moi, mon fils, objet de mon amour.
Grave bien dans ton cœur la leçon de ce jour.

SCÈNE III.

LES PRÉCÉDENS, LAMOIGNON. (*Il entre d'un air triste et pensif. Le Dauphin et les Commissaires se retirent.*)

LOUIS, *à son fils.*

C'EST Lamoignon... Sortez.

SCÈNE VI.

LOUIS, LAMOIGNON.

LAMOIGNON.

PRINCE, il faut du courage.

LOUIS.

J'en ai.

LAMOIGNON.

Les assassins ont assouvi leur rage,

D'Orléans est vainqueur, et... L'arrêt est porté.

LOUIS.

Tant mieux ; je sors enfin de ma perplexité.
Pour moi, depuis long-tems, quel fléau que la vie ?
Leur fureur m'en délivre, et mon ame affranchie,
Vers l'immortalité va prendre son essor.

(Il se premène à grands pas. Silence de quelques minutes.)

Peuple ingrat, que j'aimois, que je chéris encor,
Dis-moi : que t'ai-je fait, et quel démon t'égare,
Jusqu'à verser mon sang par un arrêt barbare ?

(Silence encore.)

Mais non ; tu fus trompé ; je ne t'impute pas
Le mal que, sous ton nom, font quelques scélérats ;
Tu n'es que l'instrument aveugle et déplorable
Des perfides complots d'un mortel exécrable,
D'un serpent qu'en mon sein j'ai toujours réchauffé,
Et qu'un roi défiant eût sans doute étouffé...

Hélas! je lui pardonne; et puisse sur la France,
Ne point de mon trépas retomber la vengeance...
Mon peuple, abreuve-toi, si tu veux, de mon sang;
Mais crains de conquérir à ce prix un tyran.
Si la félicité peut naître au sein du crime,
Que ma mort, de tes maux ferme du moins l'abîme;
Frappe-moi; mais sans haîne : un jour, ouvre les yeux,
Regrette-moi, mon peuple, aime-moi, sois heureux;
Tels sont les vœux derniers que profère ma bouche.

LAMOIGNON, *se jettant à ses pieds.*

O Louis, ô mon Roi, quel monstre assez farouche,
Pourroit et vous entendre, et ne pas s'attendrir?
A vos genoux sacrés, c'est à moi de mourir.
Je n'ai pu vous sauver; que fais-je sur la terre,
Quand, du bien, l'honnête-homme en son cœur désespère.
Il appelle la mort, trop lente à le frapper.
La tombe est le manteau qui doit l'envelopper.

LOUIS.

LOUIS, *le relevant.*

O mon cher Lamoignon, ô mon ami fidèle ?
Des vertus aux humains conservez le modèle :
Il est trop précieux dans ce siècle pervers.

SCÈNE V.

LES PRÉCÉDENS, DESÈZE, TRONCHET.

LOUIS.

Vous venez, chers amis, partageant mes revers,
Dans mes derniers momens, soutenir ma constance.

DESÈZE.

Nous venons à vtore ame apporter l'espérance.
Le jugement fatal à peine étoit rendu,
Nous sommes introduits; mon collègue éperdu,
Par sa mâle éloquence étonne l'Assemblée.
Quoi, dit-il d'une voix attendrie et troublée,
Louis est condamné, se peut-il ?... et cinq voix
Envèrront à la mort le plus juste des rois !

Mais l'arrêt est porté ; sénateurs inflexibles,
Vos cœurs à la pitié font vœu d'être insensibles !
Qu'à l'intérêt public ils soient du moins ouverts.
Louis est abattu ; Louis est dans vos fers ;
Il ne sauroit vous nuire ; et cet auguste ôtage,
D'une profonde paix pourroit être le gage.
Je dis plus : persistez dans votre jugement ;
Mais de l'executer attendez le moment.
Quand l'Europe à la paix par vos armes forcée,
Sera de vos états à jamais repoussée ;
Quand votre pavillon, sur les mers respecté,
Par-tout impunément sera moins insulté,
Alors, si vous pensez qu'un peuple magnanime
Doive à sa liberté cette illustre victime,
Si la clémence est basse et moins digne de vous,
Frappez ; Louis est là, qui ne peut fuir vos coups ;
Mais si l'oubli fatal de toute politique,
Osoit dicter la mort dans cet instant critique,
Contre vous toute entière, excitée à la fois,
L'Europe écraseroit la France de son poids.
Vos soldats pourront-ils, quelque soit leur courage,
De cette masse énorme arrêter le ravage ?

N'allez pas, de vingt rois provoquant les fureurs,
Livrer votre patrie aux plus cruels malheurs.
Ainsi parle Tronchet. Une terreur soudaine
A frappé les esprits, qu'il calme et qu'il ramène.
Le sénat d'un sursis sent la nécessité ;
Demain ce grand objet doit être discuté.
Nous pourrons réussir, pendant cet intervalle,
A faire révoquer la sentence fatale.
Peut-être vos dangers agitant les esprits,
En faveur de son roi réveilleront Paris.
Qu'il ose se montrer...

LOUIS, *vivement.*

Ami tendre et fidele,
Réprimez, croyez-moi, l'excès de votre zèle,
Plutôt que d'exciter les plus légers combats,
J'aimerois mieux souffrir mille et mille trépas.
Du sang de mes sujets je fus toujours avare :
Je ne veux point apprendre à devenir barbare.
Si pour les factieux je suis un rallîment,
Que leurs torches, amis, s'éteignent dans mon sang.

SCÈNE VI.

LES PRÉCÉDENS, DEUX COMMISSAIRES DE LA COMMUNE.

PREMIER COMMISSAIRE.

QUAND Louis condamné va subir son supplice,
Tout défenseur ici n'est plus que son complice.

LAMOIGNON, *avec indignation.*

Son complice !... ah ! ce mot convient mal à Louis !
Le crime a des fauteurs, la vertu des amis.
Toi qui devrois, des loix organe respectable,
Adoucir leur rigueur, même envers un coupable,
C'est ton Roi que tu viens insulter aujourd'hui !...
Vil insecte !.. jamais fus-tu plus loin de lui ?

LE MÊME COMMISSAIRE.

Je sais comme on punit un insolent esclave :
Tu connoîtras bientôt mon pouvoir.

LAMOIGNON.

Je le brave.
Par un fer assassin si mon Roi doit périr,
Le suivre est dans mon cœur le plus ardent desir.
Mais non; votre fureur sera mal assouvie,
Dieu saura conserver sa précieuse vie.
Peuple abusé, ton Roi, grace au ciel protecteur,
Vivra pour ton amour, vivra pour ton bonheur.
Cher prince, ah! permettez qu'à vos pieds que j'embrasse...

LOUIS, *le pressant dans ses bras.*

Illustre et tendre ami, c'est-là qu'est votre place.

(*A ses trois conseils, en montrant son cœur.*)

Tant qu'il respirera, vous y serez toujours.
O vous dont l'amitié vient consoler mes jours,
Généreux défenseurs, dont la noble éloquence
A, malgré les poignards, plaidé pour l'innocence,
Certes, pour la sauver il ne vous manqua rien
Que de la présenter à des hommes de bien.

Recevez mon adieu... c'est le dernier, sans doute,
C'est celui de mon cœur. Ah !.. combien il lui coûte.

DESÈZE.

Non, prince, espérez mieux, nous nous verrons encor ;
Nous l'anéantirons ce jugement de mort.
Le peuple et le sénat, d'un accord unanime,
Verront, détesteront, répareront leur crime ;
Vous nous serez rendu.

LOUIS.

Non, je l'espère peu.
Mais on m'arrache à vous... Ah, chers amis ! adieu...

(Louis et les Commissaires entrent dans le cabinet. Les défenseurs sortent.)

FIN DU SECOND ACTE.

ACTE TROISIÈME.

Même décoration que l'acte précédent. Il est neuf heures du matin.

SCÈNE PREMIERE.

LOUIS, DEUX COMMISSAIRES.

LOUIS.

De témoins importuns, quoi ! sans cesse entouré,
Ne puis-je être à moi-même un seul instant livré ?
Dans l'état où je suis, un repos salutaire,
Au corps comme a l'esprit est pourtant nécessaire.
Ah! de vos fonctions la triste austérité,
Est-elle incompatible avec l'humanité ?

UN COMMISSAIRE.

Non certes, nous sortons ; mais quand, par notre absence,

Nous laissons une trève à notre surveillance;
Souffrez que de ce lieu, prudemment visité,
Tout instrument de mort soit par nous écarté.

LOUIS.

Croyez-vous que je puisse, en ma rage insensée,
D'un suicide affreux concevoir la pensée?..
Que je fasse, au mépris des loix de l'Eternel,
D'un homme malheureux, un homme criminel!
Que j'ose, sans son ordre, et bravant sa justice,
Quand ma prison me gène, en briser l'édifice?
Quand je puis, illustré par l'excès du malheur,
De la main des bourreaux, périr avec honneur,
Irai-je, par un crime, avilir ma mémoire!
Non, non: détrompez-vous, si vous l'avez pu croire.
Louis, qui, dans son Dieu, met son unique appui,
Demain saura mourir... Et sait vivre aujourd'hui.

DEUXIÈME COMMISSAIRE.

O sublime vertu, le cœur le plus sauvage,
Peut-il, sans l'admirer, entendre ton langage?
Nous vous laissons, Louis.

LOUIS.

Mortels compatissans,
J'adresse au ciel pour vous mes vœux reconnoissans.

(Ils sortent.)

SCÈNE II.

LOUIS, *seul.*

Je puis donc, délivré d'une affreuse contrainte,
Respirer un moment, sans témoins et sans crainte.
Je puis descendre en paix dans ce cœur déchiré,
Démêler le chaos dont il est entouré ;
Chercher, en écartant tous ces voiles funèbres
Un fanal nécessaire au milieu des ténèbres ;
Déterminer enfin, guidé par la vertu,
L'assiette qui convient à mon cœur abattu !..
Je me cherche en moi-même : est-ce un rève, un délire ;
Qui sur mes sens trompés exerce son empire ?
Hélas ! il est trop vrai ; l'excès de mon malheur
N'est point d'un songe vain la fugitive érreur.
Oui ; Louis aux bourreaux, peut-être aujourd'hui même,

Doit présenter son front qu'orna le diadême.
Car je n'embrasse point cet espoir d'un sursis,
Qu'hier m'ont apporté de vertueux amis.
Les tigres, dont la rage immole l'innocence,
Brûlent d'exécuter leur cruelle sentence.
Ils ont soif de mon sang, les plus légers délais
Pourroient de leur fureur renverser les projets
O France, ô ma patrie, ô terre infortunée!
Quelle va désormais être ta destinée?..
En proie aux scélérats, brûlans de tous les feux
Qu'allument dans ton sein leurs complots factieux,
Dans les convulsions d'une horrible anarchie,
Ah! je vois expirer ta force anéantie,
Et vingt tyrans bientôt se partager entr'eux,
De ton sein démembré les lambeaux malheureux.
D'un aussi bel empire, ô destin déplorable!..
Je me le représente en ce tems mémorable,
Où puissant, redouté sur la terre et les mers,
Il sembloit à ses loix asservir l'univers,
Et je l'asservissois!.. Et semblable à la foudre,
Un seul de mes regards eût plongé dans la poudre
Ce peuple révolté, qui, sur son souverain,
Ose aujourd'hui porter une coupable main!..
Ainsi de l'Eternel les décrets immuables,

Renversent des humains les grandeurs périssables,
Et son bras tout puissant fait tomber quelquefois
Le fer qu'un fil suspend sur la tête des rois...
Heureux si le destin auquel je suis en butte,
N'eût entrainé que moi dans ma terrible chûte,
Et si, seul malheureux, seul en proie aux revers,
Les fers de mes parens n'agravoient point mes fers.
O mes enfans, ma sœur, ô ma chère Antoinette!
Pardonnez-moi l'abîme où mon malheur vous jette :
Des captifs, comme moi, vous subissez le sort,
Peut-être, comme moi, subirez-vous la mort.
La mort... Quoi! ces bourreaux, dans leur sombre vengeance,
Frapperoient l'amitié, la vertu, l'innocence!
Et pour mettre le comble à leurs affreux desseins,
D'un sang si précieux ils rougiroient leurs mains!
Cette idée est affreuse... Une glace mortelle
A navré mes esprits... Je tremble... Je chancelle...
Mes genoux affoiblis se dérobent sous moi.
Qui me délivrera de ce moment d'effroi ?

J'entends du bruit, on ouvre. Ah! que vient-
on m'apprendre!

SCÈNE III.

LOUIS, LE MINISTRE DE LA JUSTICE, DEUX COMMISSAIRES DE LA COMMUNE.

LE MINISTRE.

Vous n'avez plus, Louis, de sursis à prétendre;
Par le Sénat français le jugement porté!
Dans une heure au plus tard doit être exécuté.

LOUIS.

Je vois, sans me troubler, le trépas qu'on m'apprête;
Mais avant qu'aux bourreaux je présente ma tête,
Qu'on me permette au moins de dire dans ce lieu,
A ma triste famille un éternel adieu!

LE MINISTRE.

Elle va s'approcher, et je l'ai prévenue.

LOUIS, *à part.*

Mon cœur, hélas! desire et craint cette entrevue.

(*Haut.*)

Me refusera-t-on, dans ce fatal moment,
D'un ministre des cieux le secours consolant?

LE MINISTRE.

Daignez fixer un choix, me le faire connoître,
Vos vœux seront remplis.

(*Louis s'approche d'une table, écrit le nom et la demeure du prêtre, et remet le billet au ministre.*)

Vous l'allez voir paroître.

(*Il se retire. Louis se promène quelques momens à grands pas, et passe dans son cabinet.*)

SCÈNE IV.

DEUX COMMISSAIRES DE LA COMMUNE.

PREMIER COMMISSAIRE.

AU gré de nos projets, je vois tout réussir,
Embrassons-nous, amis, le tyran va périr.
Hier, de ses conseils, l'éloquence importune,
Avoit séduit les cœurs et changé sa fortune.
Si Danton, avec art maîtrisant les esprits,

N'eût fait au lendemain ajourner le sursis,
Le Sénat, oubliant sa grandeur magnanime,
Ravissoit à nos coups cette illustre victime.

DEUXIÈME COMMISSAIRE.

Je l'ai craint un moment, mais grace au ciel, enfin
Notre pouvoir l'emporte, et n'aura plus de frein ;
Si Chambon, si Roland osent rester en place
De leurs têtes ils paieront leur indiscrette audace,
Et leur mort apprendra que nous et nos amis,
Seuls de l'autorité, devons être investis.
On vient ; c'est du tyran la famille éplorée.

PREMIER COMMISSAIRE.

Bientôt la république en sera délivrée.

(Ils sortent.)

SCÈNE V.

LOUIS, MARIE-ANTOINETTE, ÉLIZABET, LES ENFANS DU ROI.

ANTOINETTE.

OU peut-il être, ô ciel!..

LOUIS, *sortant du cabinet.*

Qu'entend-je?...

ANTOINETTE, *l'embrassant.*

Ah, cher époux!

ÉLISABEHT.

Vos enfans, votre sœur, embrassent vos genoux.

(*Ils se jettent à ses pieds.*

LOUIS, *les relevant.*

Que vois-je ? est-il possible ? O moment plein de charmes !
Vous m'êtes tous rendus... Quoi ! vous versez des larmes !
Ces mots portent le trouble en vos cœurs éperdus !
Vous détournez les yeux !... oui, vous m'êtes rendus.
On peut bien m'arracher ma vie infortunée ;
Ma vie à tant de maux tristement condamnée ;
Mais lorsque je jouis de vos embrassemens,
Me ravir la douceur de ses derniers momens,
Troubler le calme heureux de mon ame paisible,
Ah ! cet effort à l'homme est sans doute impossible.
Il seroit trop affreux de perdre sans retour,
Les objets adorés d'un vertueux amour.
Mais nous nous rejoindrons, j'en ai la confiance

ANTOINETTE.

O Louis, cette idée est ma seule espérance.
Au milieu des horreurs de mon funeste sort,
Et le jour et la nuit je desire la mort ;
Je la veux, je la cherche, à grands cris je l'appelle.
Ah ! c'est en vain, sa faulx ne sait qu'être cruelle.
Si sa main bienfaisante eût exaucé mes vœux,
Le soleil en ce jour n'eût pas luit pour mes yeux.
Condamnée au tourment, à l'opprobre survivre...
Mon époux me précède, il n'eût fait que me suivre...
Je sais qu'on me destine un trépas infâmant,
A de vils tribunaux livrée indignement,
Il n'est point, je le sais, de supplice et d'outrage,
Que n'aient préparé la vengeance et la rage ;
L'instant même en approche, et bien loin que dans moi,
Son image terrible excite quelqu'effroi,
Ce consolant espoir affermit ma constance ;
Mon ame, en s'y livrant, frémit d'impatience.
Quoi ! j'aurai vu couler, versé par la fureur,
Le sang le plus sacré, le plus cher à mon cœur !

A mes yeux éperdus, des hordes forcenées,
Auront de tous les miens tranché les destinées,
Et je pourrois encor sourire à d'autres vœux,
Qu'à ceux de les rejoindre, et de périr comme
eux.
Non, non. Ah ! du destin, si jamais la clé-
mence,
Remettoit en mes mains les soins de ma ven-
geance ;
Si je pouvois, du meurtre épuisant les horreurs,
A mon tour vous frapper, lâches conspirateurs,
Antoinette à ce prix pourroit chérir la vie.
Mon fils, si Dieu vous place au rang majes-
tueux,
Où brillèrent long-tems vos augustes aïeux,
Pensez à votre père, et vengez son supplice :
Au bruit du châtiment, que l'Univers frémisse ;
Que les peuples tremblans apprennent à jamais
A respecter les rois que le ciel leur a faits.

LOUIS.

Antoinette, ah ! bien loin d'allumer dans son
ame,
D'une aveugle fureur la criminelle flamme,
Appliquez-vous sans cesse à lui bien enseigner
Que le grand art des Rois est l'art de pardon-
ner ;

Que de son peuple, un jour, il se montre le
père :
Cette seule vengeance est digne de me plaire.

ANTOINETTE.

Quel touchant héroïsme! ô Louis, cher époux!
Ah! combien Antoinette est moins grande
que vous!
Aurois-je, juste ciel, par des excès coupables,
Attiré sur Louis les maux dont tu l'accables?
Sur moi seule, grand Dieu, verse tout ton
courroux;
Protège l'innocence, et sauve mon époux.

LOUIS.

Chère épouse, écartez cette cruelle image...
Nos maux et mon trépas ne sont point votre
ouvrage :
Le ciel a tout conduit, son invisible main
A seule armé le bras qui va percer mon sein.
Aux loix du Tout-Puissant ne soyons point
rebelles,
Présentons à ses coups des victimes fidèles.
La vertu sait du sort tempérer la rigueur,
Et du sein des revers fait naître le bonheur.

(*Il les embrasse tour-à-tour*).

SCÈNE VI *et dernière.*

LES PRÉCÉDENS, LE CONFESSEUR DU ROI, SANTERRE, détachement de la garde nationale.

[*Ils se tiennent dans l'enfoncement*].

ANTOINETTE.

CIEL ! que vois-je !...

LE CONFESSEUR.

O Louis !...

LOUIS.

Approchez-vous, mon père,
Mon cœur vous attendoit, c'est en vous que j'espère.

[*A Santerre*].

Je vous suis à l'instant... ô ma femme ! ô ma sœur !
O mes tendres enfans !... venez tous sur mon cœur :

Recevez les adieux de l'ami le plus tendre !...

[*A Antoinette*].

Venez... Elle chancelle, et ne peut plus m'entendre.

Antoinette !...

ANTOINETTE.

J'expire !...

LOUIS.

Ah ! reprenez vos sens..

N'ajoutez pas encore à mes affreux tourmens.

Faut-il que ce soit moi, dans ce moment terrible,

Qui cherche à consoler votre cœur trop sensible ?

De grace, épargnez-vous des transports superflus...

ANTOINETTE.

O ciel, c'en est donc fait ! ... Je ne le verrai plus...

[*A la Garde, avec violence*].

C'est vous dont la fureur, lâchement effrénée ;

Dirige sur son sein votre main forcenée !...

Quoi ! vous ne craignez pas que la foudre du ciel

Ne renverse avec vous votre complot cruel,

Et que d'un Dieu vengeur l'éclatante justice
N'apprenne et vos forfaits et votre prompt supplice ;
Mais vous bravez le ciel, et le ciel irrité
Laisse un pouvoir sans frein à la perversité.
Ne pensez pas pourtant que sa foudre endormie,
Toujours de vos projets respecte l'infâmie.
Non, non. Un jour viendra que son bras tout-puissant
Brisera de vos loix l'édifice sanglant :
Vous-mêmes, et mon ame en nage dans la joie.
D'un vainqueur furieux vous deviendrez la proie.
Trahis, exterminés, poursuivis en tous lieux,
Privés avec horreur et des eaux et des feux,
Dieu même, en traits de sang, sur votre front perfide,
Imprimera ces mots : *Fuyez un parricide.*

LE DAUPHIN.

Loin d'irriter des cœurs qu'il faudroit attendrir,
Oh! maman, laissez-nous le soin de les fléchir!

(*A sa sœur*).

Suivez-moi... Votre frère est sûr de sa conquête.

(*Le Dauphin et la jeune Princesse se jettent aux pieds des gardes*).

Ah ! d'un père innocent ne tranchez pas la tête !

Coupez plutôt la mienne...

LA PRINCESSE.

Et puis la mienne...

LE DAUPHIN.

Hélas!

Daignez à l'Assemblée accompagner mes pas..

SANTERRE, *à quelques soldats.*

Emmenez ces enfans...

LE DAUPHIN.

A vos pieds que j'embrasse,

Ne me refusez pas cette dernière grace...

SANTERRE.

Soldats, qu'on les emporte...

(*On les emporte*).

ANTOINETTE.

Ah ! cruels, arrêtez!...

LOUIS.

Mon fils...

LA PRINCESSE.

On nous sépare...

LE DAUPHIN, *à ses parens.*

Et quoi, vous nous quittez!

(*On l'entraîne de force*).

SANTERRE, *à Louis.*

Marchons, il en est tems...

(*A quelques soldats, montrant Antoinette et Elisabeth*).

Soldats, veillez sur elles.

ANTOINETTE, *se précipitant sur la garde.*

Non, je puis affronter vos cohortes cruelles.
Entends-moi, cher époux...

ELISABETH.

Louis... mon frère...

LOUIS, *sortant précipitamment.*

Adieu...

ANTOINETTE.

Il nous fuit... Se peut-il?... On l'entraîne... ah! grand Dieu!
Suivons ses pas... courons.

(*Louis disparoît, Antoinette tombe dans le sein d'Elisabeth.*)

Je me meurs...

ÉLISABETH.

Antoinette...

(*Elles s'évanouissent l'une et l'autre*).

SANTERRE.

Profitons de l'état où la douleur les jette.

(*A quelques soldats.*)

Qu'on les transporte ailleurs...

(*A sa suite*).

Et nous, sans nul retard
Dans la sein du despote enfonçons le poignard.

(*Ils sortent d'un côté, tandis qu'on emmène Antoinette et Elisabeth de l'autre. Le rideau tombe*).

FIN DU TROISIÈME ET DERNIER ACTE.

TESTAMENT

TESTAMENT DE LOUIS XVI*.

AU NOM DE LA TRÈS-SAINTE TRINITÉ, DU PÈRE, DU FILS ET DU SAINT-ESPRIT.

Aujourd'hui vingt-cinquième jour de Décembre mil sept cent quatre-vingt-douze, moi LOUIS XVIme du nom, ROI DE FRANCE, étant depuis plus de quatre mois enfermé avec ma famille dans la tour du Temple, à Paris, par ceux qui étoient mes sujets, et privé de toute communication quelconque, même depuis le onze du courant avec ma famille; de plus, impliqué dans un procès dont il est impossible de prévoir l'issue, à cause

* *Imprimé sur la copie du citoyen Baudrais, Officier municipal, de service au Temple, le 21 Janvier 1793, qui l'avoit transcrite du Testament écrit de la main de LOUIS XVI, avant d'apposer les scellés sur les papiers trouvés dans son cabinet; papiers qui ont été remis à la Commune de Paris.*

des passions des hommes, et dont on ne trouve aucun prétexte ni moyens dans aucunes loix existantes; n'ayant que Dieu pour témoin de mes pensées, et auquel je puisse m'adresser; je déclare ici en sa présence mes dernières volontés et mes sentimens.

Je laisse mon ame à Dieu mon créateur, je le prie de la recevoir dans sa miséricorde, de ne pas la juger d'après ses mérites; mais par ceux de notre Seigneur Jesus-Christ, qui s'est offert en sacrifice à Dieu son père, pour nous autres hommes, quelque indignes que nous en fussions, moi le premier.

Je meurs dans l'union de notre sainte-mère l'Eglise, catholique, apostolique et romaine, qui tient ses pouvoirs, par une succession non-interrompue, de Saint-Pierre, auquel Jésus-Christ les avoit confiés. Je crois fermement et je confesse tout ce qui est contenu dans le symbole et les commandemens de Dieu et de l'Eglise, les sacremens et les mystères, tels que l'Eglise catholique les enseigne et les a toujours enseignés.

Je n'ai jamais prétendu me rendre juge dans les différentes manières d'expliquer les dogmes qui déchirent l'Eglise de Jésus-Christ; mais je m'en suis rapporté et m'en rapporterai toujours, si Dieu m'accorde vie, aux décisions que les supérieurs ecclésiastiques, unis à la sainte Eglise catholique, donnent et donneront, conformément à la discipline de l'Eglise, suivie depuis Jésus-Christ. Je plains de tout mon cœur nos frères qui peuvent être dans l'erreur; mais je ne prétends pas les juger, et je ne les aime pas moins tous en Jésus-Christ, suivant ce que la charité chrétienne nous enseigne. Je prie Dieu de me pardonner de tous mes péchés, j'ai cherché à les connoître scrupuleusement, à les détester et à m'humilier en sa présence: ne pouvant me servir du ministère d'un prêtre catholique, je prie Dieu de recevoir la confession que je lui en ai faite, et sur-tout le repentir profond que j'ai d'avoir mis mon nom (quoique cela fût contre ma volonté), à des actes qui peuvent être contraires à la discipline de l'Eglise catholique, à laquelle je suis toujours resté sincèrement uni de cœur. Je prie Dieu de recevoir la ferme résolution où je suis, s'il m'accorde vie, de me servir, aussi-tôt que je le pourrai, du ministère d'un prêtre catholique, pour m'accuser de tous mes péchés et recevoir le sacrement de pénitence.

Je prie tous ceux que je pourrois avoir offensé par inadvertance (car je ne me rappelle pas d'avoir fait sciemment aucune offense à personne), ou ceux à qui j'aurois pu avoir donné de mauvais exemples ou des scandales, de me pardonner le mal qu'ils croient que je peux leur avoir fait.

Je prie tous ceux qui ont de la charité d'unir leurs prières aux miennes, pour en obtenir de Dieu le pardon de mes péchés.

Je pardonne de tout mon cœur à ceux qui se sont fait mes ennemis sans que je leur en aient donné aucun sujet, et je prie Dieu de leur pardonner, de même qu'à ceux qui, par un faux zèle, ou par un zèle mal-entendu, m'ont fait beaucoup de mal.

Je recommande à Dieu ma femme, mes enfans, ma sœur, mes tantes, mes frères, et tous ceux qui me sont attachés par les liens du sang, ou par quelqu'autre manière que ce puisse être ; je prie Dieu particulièrement de jetter des yeux de miséricorde sur ma femme, mes enfans et ma sœur, qui souffrent depuis long-tems avec moi, de les soutenir par sa grace, s'ils viennent à me perdre, et tant qu'ils resteront dans ce monde périssable.

Je recommande mes enfans à ma femme ; je n'ai jamais douté de sa tendresse maternelle pour eux : je lui recommande sur-tout d'en faire de bons chrétiens et d'honnêtes gens, de leur faire regarder les grandeurs de ce monde-ci (s'ils sont condamnés à les éprouver), que comme des biens dangereux et périssables, et de tourner leurs regards vers la seule gloire solide et durable de l'éternité. Je prie ma sœur de vouloir bien continuer sa tendresse à mes enfans, et de leur tenir lieu de mère, s'ils avoient le malheur de perdre celle qu'ils ont.

Je prie ma femme de me pardonner tous les maux qu'elle souffre pour moi, et les chagrins que je pourrois lui avoir donnés dans le cours de notre union, comme elle peut être sûre que je ne garde rien contre elle, si elle croyoit avoir quelque chose à se reprocher.

Je recommande bien vivement à mes enfans, après ce qu'ils doivent à Dieu, qui doit marcher avant tout, de rester toujours unis entre eux, soumis et obéissans à leur mère, et reconnoissans de tous les soins et les peines qu'elle se donne pour eux ; et en mémoire de moi, je les prie de regarder ma sœur comme une seconde mère. Je recommande à mon fils, *s'il avoit le malheur de devenir Roi, de songer qu'il se doit entièrement au bonheur de son peuple* ; qu'il doit oublier toute haine et tout ressentiment, et nommément tout ce qui a rapport aux malheurs et aux chagrins que j'éprouve; qu'il ne peut faire le bonheur de ses sujets qu'en régnant suivant les loix; mais en même tems qu'un Roi ne peut les faire respecter, et faire le bien qui est dans son cœur, qu'autant qu'il a l'autorité nécessaire, et qu'autrement, étant lié dans ses opérations, et n'inspirant point de respect, il est plus nuisible qu'utile.

Je recommande à mon fils d'avoir soin de toutes les personnes qui m'étoient attachées, autant que les circonstances où il se trouvera lui en donneront les facultés, de songer que c'est une dette sacrée que j'ai contractée avec les enfans ou les parens de ceux qui ont peri pour moi, et ensuite malheureux pour moi : je sais qu'il y a plusieurs personnes, de celles qui m'étoient attachées, qui ne se sont pas conduites comme elles le devoient, et qui m'ont même montré de l'ingratitude; mais je le leur pardonne. (Souvent dans les momens de trouble et d'effervescence, on n'est pas le maître de soi.) Et je prie mon fils, s'il en trouve l'occasion de ne songer qu'à leurs malheurs.

Je voudrois pouvoir témoigner ici ma reconnoissance à ceux qui m'ont montrés un véritable attachement et désintéressé ; d'un côté si j'étois sensiblement touché de l'ingratitude et de la déloyauté des gens à qui je n'avois jamais témoigné que des bontés, à eux, ou à leurs parens ou amis ; de l'autre, jai eu de la consolation à voir l'attachement et l'intérêt gratuit que beaucoup de personnes m'ont montrés ; je les prie d'en recevoir tous mes remercîmens dans la situation où sont encore les choses.

Je craindrois de les compromettre, si je parlois explicitement ; mais je recommande spécialement à mon fils de chercher les occasions de pouvoir les reconnoître,

Je croirois calomnier cependant les sentimens de la nation, si je ne recommandois ouvertement à mon fils, Messieurs de Chamilli et Hue, que leur véritable attachement avoit porté à s'enfermer avec moi dans ce triste séjour, et qui ont pensé en être les malheureuses victimes. Je lui recommande aussi Cléri des soins duquel j'ai eu tout lieu de me louer depuis qu'il est avec moi.

Je pardonne encore très-volontiers à ceux qui me gardoient à vue les mauvais traitemens et les gênes dont ils ont cru devoir user envers moi. J'ai trouvé quelques ames sensibles et compatissantes. Que celles - là jouissent dans leurs cœurs de la tranquillité que doit leur donner leur façon de penser ?

Je prie Messieurs MALESHERBES, TRONCHET et DESÈZE de recevoir ici tous mes remercîmens et l'expression de ma sensibilité, pour sous les soins et les peines qu'ils se sont donnés pour moi.

Je finis en déclarant devant DIEU, et prèt a paroître devant lui, que je ne me reproche aucun des crimes qui sont avancés contre moi.

FAIT dobble à la tour du Temple, le 25 Décembre 1792.

Signé LOUIS.

Et plus bas : *BAUDRAIS, Officier municipal, et envoyé de la Commune de Paris.*

La pièce qu'on va lire est extraite d'une feuille française, imprimée à Londres.

COPIE de la Lettre du Roi, à M. l'abbé Fermond, confesseur de Louis XVI.*

A Blankembourg, ce 19 septembre 1796.

J'AI appris, Monsieur, avec une extrême satisfaction, que vous êtes enfin échappé à tous les dangers auxquels votre sublime dévouement vous a exposé. Je remercie sincèrement la divine providence d'avoir daigné conserver en vous un de ses plus fidèles ministres, et l'unique confident des dernières pensées d'un frère dont je pleurerai sans cesse la perte, dont tous les bons François béniront a jamais la mémoire, d'un martyr dont vous avez le premier proclamé le triomphe, et dont j'espère que l'église consacrera un jour les vertus. Le miracle de votre conservation me fait espérer que Dieu n'a pas en-

* *Cet intitulé fait partie de la pièce.*

core abandonné la France ; il veut, sans doute, qu'un témoin irréprochable atteste à tous les François l'amour dont leur Roi fut sans cesse animé pour eux, afin que, connoissant toute l'étendue de leur perte, ils ne se bornent pas à de stériles regrets, mais qu'ils cherchent, en se jettant dans les bras d'un père, qui les leur tend, le seul adoucissement que leur juste douleur puisse recevoir. Je vous exhorte donc, Monsieur, ou plutôt je vous demande avec instance de recueillir et de publier tout ce que votre saint ministère ne vous ordonne pas de taire ; c'est le plus beau monument que je puisse ériger au meilleur des rois et au plus chéri des frères.

Je voudrois pouvoir, Monsieur, vous donner des preuves efficaces de ma profonde estime, mais je ne puis vous offrir que mon admiration et ma reconnoissance : ce sont les sentimens les plus dignes de vous.

Signé, LOUIS.

JUGEMENT *du Tribunal Criminel du Département de la Seine, du 8 Nivôse, l'an V de la République Française, une et indivisible. Qui acquite Antoinette-Emilie* DURAND, *et Jacques* IGONNETTE.

NOUS Louis-Jérôme GOHIER, président du Tribunal Criminel du Département de la Seine, séant au Palais de Justice, à Paris, vu la déclaration du Jury spécial de jugement sur l'accusation portée contre Antoinette-Emilie Durand, et Jacques Igonnette, portant première série: qu'il a été vendu un écrit imprimé, sans nam d'auteur ni d'imprimeur, ayant pour titre: *Révolution des Welches, prédites dans les jours anciens*; qu'Antoinette-Emilie Durand est convaincue de l'avoir vendu, que Jacques Igonnet est convaincu de l'avoir colporté; qu'il n'est pas constant que cet écrit provoque la dissolution de la Représentation nationale; qu'il n'est pas constant qu'il provoque le meurtre de tous les membres qui la composent; qu'il n'est pas constant qu'il provoque la dissolution du Directoire exécutif; qu'il n'est pas constant qu'il provoque le meurtre de tous les Membres qui le composent; qu'il n'est pas constant qu'il provoque le rétablissement de la royauté.

Deuxième et dernière série: qu'il a été vendu un écrit imprimé, sans nom d'auteur ni d'imprimeur, ayant pour titre: *la Mort de Louis XVI, Tragédie, suivie de son Testament et d'une Lettre à son Confesseur*, qu'Antoinette-Emilie Durand, est convaincue de l'avoir vendu ; que Jacques Igonnette est convaincu de l'avoir colporté ; qu'il n'est pas constant que cet écrit provoque la dissolution de la Réprésentation nationale ; qu'il n'est pas constant qu'il provoque le meurtre de tous les membres qui la composent ; qu'il n'est pas canstant qu'il provoque la dissolution du Directoire exécutif ; qu'il n'est pas constant qu'il provoque le meurtre de tous les membres qui le composent ; qu'il n'est pas constant qu'il provoque le rétablissement de la Royauté.

Prononçons que ladite Antoinette-Emilie Durand, âgée de 30 ans, native de Paris, marchande Libraire, Maison Egalité, Galeries de Bois, N°. 252 ; demeurante à Paris, cloître Honoré, maison du citoyen Ledoux, division de la Halle aux Bleds.

Et ledit Jacques Igonnette, âgé de 16 ans, natif de Paris, Colporteur de papiers imprimés, demeurant à Paris, chez son père, rue des Ecrivains, N°. 10, division des Arcis, sont acquittés de l'accusation ; en conséquence ordonnons qu'ils seront mis en liberté sur-le-champ, si toute fois ils ne sont détenus pour autres causes, et qu'il sera sursis à l'exécution de la présente Ordonnance pendant vingt-quatre heures, aux termes des *articles* 424 *et* 442 *de la loi du* 3 *Brumaire an IV*. Fait et prononcé à l'audience publique du Tribunal, le 8 Nivôse an V de la République Française ; une et indivisible. *Signé* GOHIER, président.

Par le Tribunal,
LAURENT.

COLLATIONNÉ,
Pour le greffier
GAUDREAU.

www.ingramcontent.com/pod-product-compliance
Ingram Content Group UK Ltd.
Pitfield, Milton Keynes, MK11 3LW, UK
UKHW031938260826
14628UKWH00004B/1721

9 782329 584218